INCULTURATION

Working Papers on Living Faith and Cultures

edited by

ARY A. ROEST CROLLIUS, S.J.

VI

CENTRE "CULTURES AND RELIGIONS" - PONTIFICAL GREGORIAN UNIVERSITY

Vincenzo Poggi, S.J. and Patrick J. Ryan, S.J.

ISLAM AND CULTURE

ROME 1984

Patrick J. Ryan was born on August 11, 1939 in New York City. He entered the Society of Jesus in 1957 and was ordained in 1968. He pursued graduate studies in the comparative study of religion with a concentration on Islam. His doctoral dissertation was published in the dissertation series of the Harvard Theological Review *in 1978. In 1974 he went to the University of Ghana as lecturer and, since 1979, senior lecturer in the comparative study of religion and Islamic studies. During the 1980-81 academic year he had a Walsh-Price Fellowship for Mission Study sponsored by Maryknoll.*

☆

Vincenzo Poggi was born in Sanremo, Italy on August 20, 1928. He entered the Society of Jesus in 1944 and was ordained in 1958. His doctoral dissertation on Al-Ghazali at the Pontifical Gregorian University was published in Studia Missionalia, *1967. In 1972 he joined the Pontifical Oriental Institute where he teaches the Christian History of the Middle East. He is now Vice-rector of the Institute and editor of* Orientalia Christiana Periodica.

☆

TABLE OF CONTENTS

Presentation by George A. De Napoli IX

— Vincenzo Poggi, *L'inculturation au début de l'Islam*. . . . 1

— Patrick J. Ryan, *The Dialectic of Inculturation and Disinculturation in West African Islam* 21

PRESENTATION

In this the sixth number of *Inculturation* the discussion centers on the Islamic expansion both in its beginnings in the Arabian peninsula and the Middle East to its penetration of West Africa.

Vincenzo Poggi attempts to explain the surprisingly rapid diffusion of Islam from Arabia to Damascus, Baghdad and North Africa. Islam did not identify its faith, Poggi tells us, with a particular culture. Rather it relativized, criticized and renewed the cultures with which it came in contact. In this way Islam could adapt to and assimilate the cultures which it penetrated and conquered. For example, Arabic scholars translated classical Greek philosophers into Arabic and absorbed, in their own fashion, this learning into the mainstream of Arab philosophy.

Moreover, the simplicity of Islam in its notion of the one merciful God and creator to whom man must submit facilitated its acceptance by people of the most diverse cultures. Poggi points out that the decline of Islam came after the "closing of the door" on speculative thinking. The easy acceptance of racial diversity without discrimination also furthered the expansion of Islam. Basing his conclusions on the experience of Islam, he then offers us his principles of inculturation.

First, a religious message should be critical both of the culture from which it derives and the culture it wishes to enter. Secondly, it should relativize culture, assimilating those elements which are conducive to the acceptance of that message. Thirdly, it follows that a religion should not be identified with one culture. Faith transcends all cultures. Likewise Christianity is not tied to one culture but transcends them with a healthy relativism.

In view of the international readership of *Inculturation,* the article of Fr. Poggi has been kept in the language in which it was originally written.

Patrick Ryan gives us a concrete case of the dialectic of inculturation and disinculturation in West Africa. By the process of inculturation Muslims rather seeped, "drop by drop" into traditional West African communities. Gradually, however, as their numbers grew they were able to transform these cultures in a process Ryan calls disinculturation. The broad oultines of Muslim incursion, mainly by merchants interested in gold and slaves, are traced. Muslims whose prayers were thought to be efficacious in times of natural disasters such as prolonged drought became sort of court chaplains. In this way they gained a foothold for propagating Islam, usually by converting, at least nominally, the ruler. Taking prayers for rain offered by Muslims with a sacred status as an example, the author illustrates three instances of this source of inculturation.

While still a minority Muslims, especially those with "sacred status," could afford to adjust to "heathen" practices. But as the Muslim population grew to a majority it attempted to purify the inculturated Islam from indigenous beliefs and practices. Disinculturation, then, is the endeavor, never entirely successful, to eliminate the mixture of heathen remnants from pure Islamic orthopraxy.

Vincenzo Poggi, S.J.

L'INCULTURATION AU DÉBUT DE L'ISLÂM

L'INCULTURATION AU DÉBUT DE L'ISLÂM

Le problème de l'inculturation n'est pas exclusif à la religion chrétienne. Il se rattache en effet au problème très vaste du rapport entre foi et culture. Le problème est délicat et complexe car religion et culture sont souvent inséparables bien que distinctes. En effet il n'y a pas de religion sans culture, ni de culture sans religion.

Il peut servir à une plus profonde et plus complète compréhension des problèmes liés à l'inculturation, de les voir dans la perspentive de l'histoire des religions. Nous voulons en effet considérer sous ce point de vue un phénomène de l'histoire des religions qui ne cesse de nous intéresser: le premier essor, très rapide, de la religion musulmane et la production, dans les premiers siècles de l'hégire, d'une civilisation que l'on nomme à bon droit islamique. Pour nous une religion qui produit une civilisation donne en cela une solution positive au problème de l'inculturation de la foi. Celui-ci est un postulat que nous présupposons à notre reflexion.

Ailleurs nous avons comparé sous le point de vue de l'inculturation le début du Christianisme et le début de l'Islâm [1].

Ici nous nous bornons à considérer seulement l'inculturation au début de l'Islâm. À lui seul, il s'agit d'un problème tellement vaste et complexe que son affrontement nous cantonnera fatalement plutôt à des généralités. Nous nous en excusons d'avance.

---

[1] V. Poggi, *Inculturazione nei primi secoli dell'era cristiana e dell'era musulmana,* dans *Inculturazione della Fede,* Saggi interdisciplinari, A cura di Bartolomeo Genero, Napoli 1982, pp. 85-108; V. Poggi, *Fede e cultura nel Cristianesimo e nell'Islam primitivi,* dans *Il mondo islamico tra interazione e acculturazione,* A cura di Alessandro Bausani e Biancamaria Scarcia Amoretti, Roma 1981, pp. 99-116.

Diffusion

Avant tout il faut débarrasser le terrain des malentendus. Généralement nous les chrétiens nous sommes dominés là-dessus par des idées préconçues, selon lesquelles l'Islâm s'est diffusé grâce à l'épée.

Le grand historien musulman du quatorzième siècle. Ibn Ḫaldûn (1332-1406) écrivait textuellement dans ses *Prolégomènes* que «les Arabes sont incapables de fonder un empire à moins qu'ils n'acceptent les croyances religieuses qu'un prophète ou un saint leur enseigne .. Voyez-les — dit-il — à l'époque où ils fondèment un empire sous l'influence de l'Islâm: se conformant aux prescriptions de la loi divine ils s'adonnèrent aux soins du gouvernement et mirent en oeuvre tous les moyens physiques et moraux qui pouvaient aider au progrès de la civilisation» [2].

Quant à la conquête par les armes, Ibn Ḫaldûn écrit: «Pour conquérir, il faut s'appuyer sur un parti animé d'un même esprit de corps et visant à un seul but. Or l'union des coeurs et des volontés ne peut s'opérer que par la puissance divine et [..] le maintien de la religion. Dieu lui-même a dit 'Tu dépenserais toutes les richesses de la terre avant de pouvoir réunir les coeurs' (Coran VIII 64). Pour rallier les hommes à une entreprise quelconque on doit avoir l'appui d'un peuples dévoué. Selon la tradition, Dieu n'envoie jamais un prophète aux hommes à moins que ce messager divin n'ait des protecteurs dans son propre peuple» [3].

En effet nous faisons du tort à l'histoire si nous considérons la première diffusion de l'Islâm seulement comme s'il s'agissait de l'oeuvre de l'épée. Même dans le cas où il y eut en effet une conquête militaire, il ne s'en suivait aucunement que toute la population fût obligée d'embrasser la religion des conquérants. Ce ne fut qu'aux Arabes de l'Arabie que l'Islâm proposa l'alternative de se faire musulman ou de quitter le territoire sous peine de mort [4]. Ailleurs l'Islâm n'imposa pas de conversion forcée. On ne pour-

---

[2] *Les prolégomènes d'Ibn Khaldoun,* traduits en français et commentés par M. de Slane, première partie, Paris réimpr. 1934, pp. 313-315.

[3] *Les prolégomènes d'Ibn Khaldoun,* op. cit., première partie, pp. 324-327.

[4] «En Arabie, il est entendu, depuis la *ridda* (la révolte des tribus après la mort du Prophète, comptée par le savoir faire du calipne Abû Bakr) que tout le monde doit être musulman» C. Cahen, *L'Islam des origines au début de l'empire ottoman,* Paris 1970, p. 23.

rait pas s'expliquer sinon la présence des Chrétiens aujourd'hui même dans des pays, tels la Syrie et l'Egypte, qui furent les premiers atteints par la vague de l'Islâm.

Le premier pays conquis fut en effet la Syrie. Damas avait capitulé sans vrai combat en 635, trois ans après la mort du Prophète. Une vraie bataille y eut lieu l'année suivante, quand l'empereur Héraclius envoya une armée pour reprendre Damas. Ce fut en 636 la bataille de Yarmouk, affluent oriental du Jourdain, près du Lac de Tibériade [5].

A propos de l'Egypte, dernièrement a été réimprimé le fameux ouvrage que Alfred BUTLER avait écrit au début de notre siècle, *The Arab Conquest of Egypt*. Dans cet ouvrage l'auteur démontre la fausseté de l'opinion selon laquelle les Chrétiens Coptes auraient remis l'Egypte byzantine aux mains des Arabes. Mais il démontre aussi qu'Alexandrie, après avoir été cédée pacifiquement par un traité entre les Byzantins et les Arabes, fut prise d'assaut lorsque les Byzantins ne respectèrent pas les pactes qu'ils avaient eux-mêmes signés. Butler démontre aussi qu'il n'y a pas de preuves historiques du fait que les Arabes auraient incendié la fameuse bibliothèque d'Alexandrie [6].

Il faut surtout souligner l'extraordinaire rapidité avec laquelle l'Islâm se répand. D'après un spécialiste, cette rapidité d'expansion restera toujours un sujet d'étonnement [7].

Si les Musulmans sont à Jérusalem en 636, s'ils s'emparent de la Perse sassanide en 637, ce grand ennemi qui seulement une douzaine d'années auparavant avait fait trembler l'empire romain d'orient, s'ils sont en Egypte en 640, s'ils fondent Kayrouan en Tunisie en 670 et s'ils arrivent en 680 sur les côtes atlantiques du

---

[5] L. CAETANI, *Annali dell'Islam*, III, II (1909) a. 15 H., §§46-127, pp. 549-618.

[6] A.J. BUTLER, *The Arab Conquest of Egypt and the last thirty years of the Roman Dominion*, Containing also The Treaty of Miṣr in Ṭabârî (1913) and Babylon of Egypt (1914) Edited by P.M. FRAZER, Second Edition, Oxford 1978.

La légende de l'incendie serait née seulement au temps des Croisades. «Um die Wende des 10. zum 11. Jahrhundert war demnach von einer Verbrennung der Bibliothek durch die Araber nichts bekannt.

Die Legende ist frühestens im 12. Jahrhundert entstanden». Fr. ALTHEIM und R. STIEHL, *Die Araber in der alten Welt*, vol. II, Berlin 1965, 27-31, ici 28.

[7] M. CANARD, *L'expansion arabe: le problème militaire*, dans *Settimane di Studio del Centro Italiano di Studi sull'Alto Medioevo*, XII (Spoleto 1965) pp. 37-63, ici 63.

Maroc, les voici en 707 aux Indes et en 711 dans la péninsule ibérique.

Dans la période d'un siècle les Arabes deviennent maîtres de l'empire mondial le plus grand de l'époque et que l'on peut comparer à celui des Romains [8].

Cette poussée irrésistible, si vaste et si rapide, qui ne se dissoud pas aussi rapidement qu'elle s'est propagée, mais garde sa prise, aujourd'hui même, à part quelques territoires, tels la Sicile et l'Espagne, suppose des causes qu'il faut décéler et étudier.

Evidemment avec la conquête du pouvoir politique et sans que l'on puisse accuser l'Islam de conversions par la force, la religion du maître acquiert une efficacité persuasive qui gagne des prosélytes. Si ceux qui appartiennent aux religions du Livre, les Juifs et les Chrétiens, peuvent continuer de pratiquer leur foi, moyennant la *ǧizyah* ou impôt de protection et s'ils sont en quelque manière des citoyens de deuxième classe (bien que l'Islâm soit plus tolérant que le Christianisme occidental vis-à-vis des Juifs) on comprend comment le passage à la religion islamique puisse se présenter sous l'attrait d'une promotion économique et sociale.

Production culturelle

Mais ce n'est pas seulement la diffusion spatiale et numérique de l'Islâm qui constitue le phénomène macroscopique surprenant de son début.

Afzal IQBAL, musulman d'aujourd'hui, voit dans le début de l'Islâm une période de féconde création culturelle. Il voit ce dynamisme civilisateur agissant en quatre directions principales. La première est la réaction contre l'ignorance d'un peuple illettré. C'est le Livre Sacré, le Coran, qui demande à être lu et compris. La deuxième direction de la créativité culturelle est la prise de conscience ce d'une histoire sacrée, propre à tout musulman, dont les racines se trouvent dans la tradition, la Sunna du Prophète, qu'on a soin de garder intacte et d'observer fidèlement. La troisième direction est une reflexion canonique à la recherche de la juris-

---

[8] «The Arabs have become a world state, the greatest of that age, in size comparable with or rather superior to the Roman empire at its greatest extent. The map of the world had been effectually changed». D. M. DUNLOP, *Arab Civilisation to A.D. 1500*, London-Beirut 1971, p. 8.

prudence la plus sûre dans le chemin droit de la *šarī'a,* loi divine révélée. Une phase successive, plutôt d'élite, donne lieu à une philosophie islamique [9].

Il y a donc l'essor du *tafsîr* ou exégèse du Coran, de la science du *ḥadiṯ* ou l'établissement de la *sunna* ou tradition musulmane. Il y a la naissance et le développement d'une théologie (*'ilm al-kalâm*) et de la science du droit musulman (*'ilm al-fiqh*) ainsi que l'épanouissement parallèle d'une philosophie.

Parmi les théologiens, les mu'tazilites viennent après les polémiques entre qadarites et ǧabarites, ceux qui professent la liberté humaine et ceux qui la nient [10].

Al-Aš'ârî, le père de l'aš'arisme (873-935) était mu'tazilite lorsqu'il se convertit et quitta les thèses rationalistes du Coran créé et de l'impossibilité de la vision de Dieu, pour passer à un traditionnalisme prudent, dogmatique et modéré [11].

Du système aš'arite n'est pas trop loin l'école maturidite, nommée d'après un autre maître, contemporain d'al-Aš'ârî, al Mâturîdî. Ce développement proprement théologique et qui prépara la formation d'une scolastique musulmane, le *kalâm* des *mutakallimûn,* avait son correspondant chez les spécialistes du droit musulman, les *fuqahâ'.* Et comme parmi les théologiens il y avait un certain pluralisme, chez les spécialistes du droit aussi on pouvait suivre différentes écoles. C'étaient les quatre écoles de droit reconnues, la ḥanifite, la mâlikite, la šâfi'ite et la ḥanbalite. Leurs fondateurs, Abû Ḥanîfa, Mâlik Ibn Anas, al-Šâfi'î et Aḥmad Ibn Ḥanbal ont tous vécu entre 699 et 855 [12]. Il y eut bientot des divisions à l'intérieur de l'Islâm. Mais l'hiatus entre Šī'ites et Sunnites est moins large que l'hiatus qui sépare certains groupes chrétiens l'un de l'autre [13].

---

[9] «The beginning of the cultural movement came with the movement of literacy which was followed by the movement of history and the movement of jurisprudence. The logical conclusion was the emergence, towards the end of the first century, of the philosophical movement in Islam». Afzal Iqbal, *The Culture of Islam.* An Analysis of its Earliest Pattern, Institute of Islamic Culture, Lahore 1967, p. XI.

[10] L. Gardet, *L'Islam, religion et communauté,* Paris 1967, pp. 165-212.

[11] R. McCarthy, *The Theology of al-Ash'ârî.* The Arabic Texts of al-Ash'ârî's *K. al-Luma'* and *Risâlat Istiḥsân al-Khawd fî 'ilm al-kalâm,* Beirut 1953, pp. 150-151.

[12] N. J. Coulson, *A History of Islamic Law,* Edinburgh 1964, pp. 36-61.

[13] W. Montgomery Watt, *The Great Community and the Sects,* dans G. E. von Grunebaum, *Theology and Law in Islam,* Wiesbaden 1971, pp. 25-36.

Dans cette même première période de l'histoire de l'Islâm naît et s'épanouit rapidement la civilisation que l'on peut appeler à bon droit la civilisation de l'Islâm [14].

C'est une civilisation qui se manifeste à l'extérieur par son architecture typique et par son urbanisme qui créé une ville comme Baghdad, avec son plan circulaire, entouré par trois ordres de murs. C'est une ville coupée en secteurs, sillonnés par des rues qui partent toutes du centre, comme les rayons d'un cercle [15]. Les Musulmans prétendent que le *bîmâristân* ou hôpital de Baghdad et la *madrasah* ou école supérieure de la même ville sont respectivement le premier hôpital et la première université de conception moderne qui aient jamais existé. Baghdad était en effet la ville la plus cultivée de son époque. C'était une ville où la poésie avait atteint le niveau de la cour, car le calife lui même, Hârûn al-Rašîd était un poète. Son contemporain, Charlemagne savait à peine écrire [16]. A Baghdad on cultivait les sciences exactes, les mathématiques, l'astronomie. Les mots français algèbre et chimie proviennent de mots arabes. La médecine avait aussi ses adeptes, doctes et expérimentés, beaucoup plus avancés que leurs confrères d'Occident. Un musulman des temps des Croisades, Usâmah Ibn Munqiḏ nous déclare son indignation en constant comment les Francs sont arriérés en fait de chirurgie et de quelle barbare façon ils exercent la médecine. Vis-à-vis de nos chirurgiens arabes, dit-il, ceux des Francs sont des praticiens sans scrupules, prêts à mutiler de malheureux malades plutôt qu'à les guérir par des moyens scientifiques et humains [17].

---

[14] Je ne cite que les titres de deux ouvrages où ce lien entre Islam et culture est exprimé par un adjectif possessif ou par un attribut: A. Miquel, *L'Islam et sa civilisation,* Paris 1968; I. M. Filštinskij-B. Ja. Šidfar, *Očerk arabo-musulmanskoj kultury,* Moskva 1971.

[15] ʿAbd al-ʿAzîz Dûrî, *Baghdâd,* EI² I (1960) pp. 921-936 (923a).

[16] Les relations diplomatiques de Charlemagne avec Hârûn al-Rašîd s'expliquent, de la part de Charlemagne, par la recherche d'une reconnaissance internationale de son empire carolingien. Charlemagne demande au calife un éléphant parce que seuls les rois les plus puissants possèdent de tels animaux. Et Hârûn le lui envoie. M. Borgolte, *Der Gesandtenaustausch der Karolinger mit den Abbasiden und den Patriarchen von Jerusalem,* München 1976, p. 123.

[17] *Memoirs of an Arab-Syrian Gentlemen or an Arab Knight in the Crusades.* Memoirs of Usamâh Ibn Munqiḏ (*K.al-iʿtibâr*). Translated from the unique manuscript by Philip K. Hitti, Beirut 1964, p. 162.

Cette civilisation musulmane avait même produit ses maîtres à penser. On appelait «philosophe des Arabes», al-Kindî, vivant au troisième siècle de l'hégire, et qui avait déjà un système philosophique bien structuré. Ses successeurs, protagonistes de l'histoire de la philosophie islamique[18] al-Farâbî, Avicenne, Averroès pousseront encore plus avant leur pénétration et leur systématisation de la réalité.

L'explication de von Grunebaum

Le fait historique de la prodigieuse et rapide diffusion de l'Islâm ainsi que de la connexion de l'Islâm avec une civilisation qui a son identité et ses caractéristiques mérite notre reflexion. Il faut donc se demander quelles sont les causes qui expliquent cet heureux rapport, au début de l'Islâm, entre foi et culture et la conséquence de cet épanouissement en une montée ascendante qui continue de surprendre les historiens.

Un auteur qui a dédié plusieurs écrits à ce genre de problèmes, Gustave von GRUNEBAUM, a énuméré six causes de la rapide expansion de l'Islâm.

1) La simplicité de la croyance musulmane, formulée depuis le tout premier début comme le plus pur et le plus radical monothéisme.

2) L'absence de toute tension, à l'intérieur de la nouvelle religion, qui eut constitué un obstacle à sa diffusion.

3) Une conception optimiste de l'homme, qui n'a pas besoin de redemption mais seulement de *hidâya* ou guide, du fait qu'il n'existe pas de péché originel.

4) Pas de séparation entre science et sagesse, dans une conception dynamique de la vérité.

5) La projection des structures du tribalisme arabe (où des tribus protégées tournent dans l'orbite des tribus principales ou dominantes) sur l'écran plus vaste d'une tribu dominante qui a à sa tête le caliphe et qui est secondée par des clients (*mawâlî*) et des protégés (*ḏimmî*).

---

[18] C'est le titre du bon manuel: M. M. SHARIF, *A History of Muslim Philosophy,* 2 voll., Wiesbaden 1963, 1966.

6) Le culte de l'expression verbale et son rapport spontané au texte sacré, le Coran, comme à un paradigme littéraire parfait [19].

Identité et absence de tension interne

Le premier point proposé par Grunebaum est souvent arboré par les Musulmans eux-mêmes comme le point de distinction par excellence de l'Islâm par rapport à toute autre religion historique. L'Islâm est la religion du *tawḥîd* ou de l'unicité de Dieu. Depuis les Mu'tazilites jusqu'à Muḥammad ʿAbdûh la *risalat al-tawḥîd* ou «traité de l'unicité de Dieu» constitue le premier chapitre de la théologie musulmane. Un des leaders musulmans de l'Inde, Abû-l-Kalâm Âzâd (1888-1958) écrit dans son *Tarǧuman al-Qur'ân* que seul l'Islâm retient, parmi les religions, un monothéisme absolu. D'après lui, l'idée d'unicité de Dieu peut être de trois sortes: 1) unicité ontologique (Dieu est un et unique); 2) unicité de culte (Dieu seulement peut recevoir le culte); 3) unicité d'attributs (ses attributs lui sont exclusifs). Les deux premières sortes d'unicité peuvent se rencontrer dans d'autres religions. Mais la troisième se trouve seulement dans l'Islâm [20].

Le point suivant proposé par Grunebaum, ou l'absence, à l'intérieur de l'Islâm, de tension qui puisse constituer un obstacle à sa diffusion, prend du relief par la comparison entre Islâm et Christianisme primitifs. Au sein du Christianisme il y avait au début une tendance contraire à l'universalisme et à l'expansion. La tendance judéo-chrétienne, prétendant identifier la culture juive avec la foi chrétienne, bloquait le dynamisme de la nouvelle foi. Les mots des apôtres, «L'Esprit Saint et nous-mêmes avons décidé de ne pas vous imposer d'autres charges que les suivantes..» (Act. 15,28-29) essayent de neutraliser cette tendance judaisante,

---

[19] G. E. von Grunebaum, *The Sources of Islamic Civilization* in *Der Islam*, XLVI (1970) pp. 1-54 (9-15). Ce même essai, publié avec quelques notes critiques en moins dans *The Cambridge History of Islam*, II, Cambridge 1970, pp. 469-510, a été réimprimé dans G. E. von Grunebaum, *Islam and Medieval Hellenism.* Social and Cultural Perspectives, London 1976, VII. Sur cet auteur, qui a écrit souvent sur la problématique qui nous intéresse, voir G. Anawati, *La Civilisation musulmane dans l'oeuvre du prof. Gustave von Grunebaum,* dans M.I.D.E.O., X (1970) pp. 37-82.

[20] Cité par Asaf Fyzee, *A Modern Approach to Islam*, Bombay 1963, pp. 19-20.

ainsi que le font les mots de saint Paul, «si vous vous faites circoncire le Christ ne vous servira à rien» (Gal 5,2) en accord avec certains passages de l'Évangile, surtout de Matthieu. Mais la tendance judaisante ne se meurt pas aussitôt, comme les études récentes nous l'ont montré et sa permanence pendant 4 ou 5 siècles produit un arrêt dans la voie du dynamisme culturel.

Or, l'Islâm ne paraît pas avoir souffert au début de ce complexe d'identification de la foi avec une culture donnée. Il y a, au contraire, dans le Coran une attitude d'exorcisme vis-à-vis de la culture traditionnelle qui avait caractérisé les temps de la *ǧâhiliyyah* ou ignorance. Voilà pourquoi, dans le vocabulaire de la phénoménologie religieuse, à Muḫammad ne s'applique pas seulement la catégorie de fondateur, pour employer la terminologie de G. Van der LEEUW, mais aussi celle de réformateur[21]. Le Coran, qui emploie 9 fois le terme *ǧâhil* et 4 fois l'abstrait *ǧâhiliyyah,* décrit le contexte culturel où l'Islâm est né comme une Weltanschauung complexe dans laquelle confluent plusieurs composantes culturelles hétérogènes, la bédouine, la caravanière, celle des commerçants et celle de la Bible. Vis-à-vis de ce mélange culturel l'Islâm opère le renouveau de certains éléments clé. Si le mot *Allâh* n'est pas nouveau, le rapport entre *Allâh,* Dieu, et *insân,* homme, est vraiment nouveau, ainsi que le rapport entre *ǧannah* et *ǧahannan,* paradis et enfer, *îmân* et *kufr,* foi et infidélité[22]. L'Islâm primitif n'a donc pas couru le danger de s'identifer avec une culture determinée. Son attitude en vers la culture ancestrale est critique. Dans plusieurs sourates du Coran on trouve cette attitude critique de la tradition ancienne. Dans la sourate mekkoise, *Les prophètes,* Abraham demande à son père et à son peuple, «que sont ces statues devant lesquelles vous vous tenez? Ils répondirent: Nous avons trouvé nos pères les adorant. Abraham dit: Certes, vous et vos pères, vous êtes dans un égarement évident» (XXI, 52-54).

Dans une sourate médinoise, la sourate de la *Table servie,* il est dit clairement que la tradition n'est pas justifiée par le seul fait

---

[21] G. van der LEEUW, *Phänomenologie der Religion* (Neue Theologische Grundrisse), Tübingen 1933, pp. 618-625.

[22] *Djâhiliyya* (Rédaction), E I², II (1965) pp. 393-394; T. IZUTZU, *God and Man in the Koran.* Semantics of the koranic Weltanschauung, Tokyo 1964, pp. 31-33, 39-40, 75-77, 88-89, 95-119; ID., *Ethico-Religious Concepts in the Qur'ân,* Montreal 1966, pp. 187-188.

d'être ancienne. «Quand il leur est dit: Venez à ce qu'Allâh a fait descendre et à l'Apôtre!, ils répondent: Suffisant pour nous est ce que nous avons trouvé suivi par nos pères. Et si leurs pères n'ont eu nulle science et s'ils n'ont pas été dans la bonne direction?» (V, 104).

L'Islâm par cette attitude critique ne refuse pas la culture, mais il la relativise. S'il avait donné une valeur absolue à la tradition il aurait aussi fait de sa culture native un absolu.

L'Islâm naissant a eu cette attitude relativisante non pas seulement vis-à-vis de la culture de la péninsule arabique, dans laquelle il eut son origine, mais aussi vis-à-vis des cultures des peuples qui pratiquent les religions du Livre, les Juifs et les Chrétiens. Vis-à-vis d'eux aussi l'Islâm a un rapport dynamique de renouveau. Si le même Dieu a parlé dans la Torah et dans l'Évangile, maintenant il parle dans le Coran qui arrive après les deux. Si Dieu avait déjà envoyé à l'humanité des prophètes, maintenant il envoie Muḥammad, qui est le sceau des prophètes (*Les factions*, XXXIII, 40).

Assimiler sans être assimilés

Si le christianisme primitif avait couru le danger d'identifier son message avec la culture juive et si, d'autre part, il avait subi la tentation de refuser la culture classique en tant que culture de l'empire qui le persécutait, l'Islâm du début n'a pas couru le même danger ni n'a subi la même tentation, au moins en général [23]. Cela contribue à expliquer l'extraordinaire capacité d'assimilation que l'Islâm révèle. S'il substitue, dans les territoires occupés, l'absolutisme de l'empire romain ou de l'empire persan par la théocratie du caliphat, il retient quand-même les structures administratives anciennes. Les postes de scribe ou de percepteur d'impôts sont occupés par les mêmes personnes ou de même milieu qu'auparavant. Le cas de Saint Jean Damascène qui, avant de se faire moi-

---

[23] «There was nothing in the fundamentals of the new religion that militated against its interpretation as a universally valid message which could be accepted by all mankind» G.E. von Grunebaum, *Islam: Its Inherent Power of Expansion and Adaptation*, in *City invincible*, Chicago 1960, 437-448; réimprimé dans G.E. von Grunebaum, *Islam and Medieval Hellenism:* Social and Cultural Perspectives, London 1976, II, 439.

ne, était *kâtib* ou secrétaire à la cour omayyade de Damas n'est pas une rareté. L'appartenance à une autre religion n'est pas discriminatoire pour la *šarīʿa* islamique comme elle l'était dans le code de Théodose ou de Justinien pour les non-chrétiens. Les non-musulmans, non seulement peuvent continuer de suivre quant au statut personnel leur propre droit canon et peuvent être jugés quant au même domaine par leurs chefs religieux selon la loi de leur église, mais ils peuvent même accéder aux plus hautes charges publiques. Le cas récent, de Buṭrus Buṭrus Gālî, le copte au ministère egyptien des affaires étrangères a des précédents qui remontent au moins au temps des Croisades lorsque Saladin avait choisi comme secretaire le copte Ibn Šarâfî et son successeur Safadin nomma ministre de la guerre le copte Ibn al-Mîqât.

Cette ouverture culturelle a permis à l'Islâm de puiser abondamment à la tradition hellénistique. Ce n'est pas vrai ce que Mommsen disait, que l'hellénisme meurt à l'arrivée de l'Islâm. Au contraire, la renaissance de l'héritage grec que l'Europe connaîtra seulement plus tard, est déjà en plein essor dans le monde islamique au neuvième et au dixième siècle de notre ère.

Il est vrai que l'Islâm continue en cela une tendance qui avait déjà commencé chez les chrétiens syriaques. C'était eux qui avaient entrepris la traduction des philosophes et des hommes de science grecs, d'Aristote, de Galien, de Porphyre. Ḥunayn Ibn Iṣḥâq (808-873), un nestorien de Baghdad, fut à la tête d'une équipe de traducteurs qui firent passer du grec en arabe plusieurs textes classiques [24].

Le fait d'emprunter l'héritage culturel hellénistique, qui avait eu cours dans le monde méditerranéen, et qui avait lié culturellement entre eux des peuples différents sous l'aspect linguistique et ethnique, constituait un choix d'une grande sagesse, du point de vue de l'inculturation. C'était d'ailleurs renouveler la même intuition du christianisme qui avait assimilé lui aussi l'héritage hellénistique en faisant un véhicule privilégié du message. Il est entendu que nous n'affirmons pas que l'acceptation de l'héritage culturel hellénistique ne se passa sans aucune difficulté. Il y en eut chez les Musulmans, comme il y en avait eu chez les Chrétiens, certains

---

[24] G. Bergstrasser, *Ḥunayn Ibn Isḥâq und seine Schule,* Leiden 1913; G. Strohmaier, *Ḥunayn Ibn Isḥâq al-ʿIbâdî,* E I², III (1971) pp. 598-601.

qui protestaient contre l'assimilation d'éléments culturels allogènes. Al-Ǧâḥiẓ (776-869) tonne contre la culture persane, qu'il voit pénétrer l'Islâm. Ibn Qutayba (828-889) refuse les philosophes grecs. Quand même, la tendance à l'assimilation eut en général le dessus.

Grunebaum a particulièrement étudié l'assimilation de la culture hellénistique par l'Islâm. Plusieurs fonctions publiques de la cité musulmane reproduisent des fonctions publiques de la cité grecque, telle la charge du *muḥtasib al-sûq* (inspecteur du marché) qui n'est autre que celle grecque de l'*agoranomos* ou du *ra'is al-aṭibbâ' wa-l-falâsifa* (président des médecins et des philosophes) qui recalque les deux fonctions grecques de l'*archiatros* et du *scholarchos*[25]. Grunebaum avait des doutes seulement quant à certains aspects de la configurations sociopolitique, à propos desquels il se demandait si la *madîna* musulmane n'était pas différente de la *polis* grecque. Là encore, d'autres spécialistes ont répondu à ses doutes[26].

La capacité d'assimilation de l'Islâm était telle qu'à première vue on craindrait qu'il s'agisse d'une forme d'acculturation négative, dans laquelle il n'y avait pas de nouvelle culture mais de reproduction stéréotypée sans créativité. On l'a dit de la philosophie islamique qui ne ferait que reprendre l'aristotélisme et le néoplatonisme; mais c'est faux, car al-Fârâbî ou Ibn Sîna ne sont pas Aristote, ainsi que Baghdad n'est pas Athènes.

GRUNEBAUM a bien saisi cette contradiction apparente de la civilisation musulmane, capable de puiser n'importe où, mais gardant tout de même sa propre identité irréductible. «Il est vrai que plusieurs éléments du Judaisme et du Christianisme avaient joué leur rôle dans le monde spirituel de Muḥammad. Ce monde n'en gardait pas moins son caractère arabe, ainsi que le Coran, le pélèrinage et plusieurs aspects de l'héritage du Prophète. De même,

---

[25] G. E. von GRUNEBAUM, *The Structure of the Muslim Town in Islam*, dans *Islam: Essays in the Nature and Growth of a cultural Tradition*, London 1961, pp. 141-158, réimprimé dans G. E. von GRUNEBAUM, *Islam and Medieval Hellenism:* Social and Cultural Perspectives, London 1976, IV; ID., *The sacred Character of Islamic Cities*, in *Mélanges Taha Husain*, Cairo 1962, pp. 25-37, réimprimé dans G. E. von GRUNEBAUM, *Islam and Medieval Hellenism*, op. cit., V.

[26] E. WIRTH, *Die Orientalische Stadt*, dans *Saeculum*, XXVI (1975) pp. 45-94.

l'Islâm a emprunté ailleurs de nombreuses formes et de nombreux contenus, mais aucun de ces emprunts a pu exercer quelque efficacité sans avoir été intégré dans le tout de l'Islâm» [27]. «Si l'observateur superficiel est frappé par la pittoresque uniformité de la civilisation musulmane, ayant partout dans le monde certains traits communs, au contraire celui qui regarde les choses de plus près découvre graduellement l'inépuisable diversité cachée sous ce voile bariolé. Enfin, celui qui pratique un examen plus profond doit rendre témoignage à la surprenante capacité assimilatrice révélée par les nombreux emprunts allogènes, à peine saisissables sous leur accoutrement indigène. Les riches contributions des différentes civilisations, juive, chrétienne, hellénistique, persane et même indienne à la civilisation de l'Islâm se révélent parfois aux seuls spécialistes» [28].

Conception optimiste

Grunebaum donne une troisième raison de l'expansion rapide de l'Islâm primitif, à savoir sa conception optimiste, d'une nature humaine qui n'est pas déchue et qui n'a pas besoin de rédemption, mais seulement de guide.

Le fait que l'Islâm n'a pas de dogme du péché originel est vrai, comme le Père Anawati le rappelle dans un de ses articles [29]. L'histoire des religions nous parle de religions qui ont la nostalgie des origines et d'autres qui ne l'ont pas.

Est-ce peut-être à cause de cela que l'Islâm semble manquer du sens tragique de la condition humaine? C'est un fait que dans la littérature arabe classique on ne trouve pas de tragédie.

Nous pensons que l'on pourrait rattacher à cet optimisme foncier de l'Islâm, souligné par Grunebaum, un ḥadîṯ ancien bien documenté: l'Islâm est la religion de la *fiṭra,* c'est-à-dire il y a une

[27] G. von GRUNEBAUM, *The Profile of Muslim Civilization = Islam as a Humanistic Education,* dans G. von GRUNEBAUM, *Islam.* Essays in the Nature and Growth of a Cultural Tradition, London 1969², I, pp. 1-30, ici p. 13.

[28] G. von GRUNEBAUM, *Arab Culture,* dans G. Gvon GRUNEBAUM, *Islam.* Essays in the Nature and Growth of a Cultural Tradition, London 1969², III, pp. 58-79, ici p. 6.

[29] G.C. ANAWATI, *La notion de péché originel existe-t-elle dans l'Islâm?* dans *Studia Islamica,* XXX (1970) pp. 29-40.

parfaite correspondance entre l'exigence religieuse profonde de la nature humaine et la réponse salvifique donnée à cette exigence par l'Islâm lui-même. Je reprends à la lettre cette tradition d'après al-Buḫârî, auteur d'un des fameux recueils de traditions authentiques. «Selon Abû Ḥurayra, l'Envoyé de Dieu a dit: Tout enfant, quand il vient au monde est musulman. Ce sont ses père et mère qui en font un juif, un chrétien ou un mage. De même chaque animal met au monde un être complet. En avez-vous jamais trouvé qui fussent mutilés à leur naissance? Abu Ḥurayra ajoutait: La religion de Dieu, c'est celle dans laquelle il a créé les hommes. Aucun changement ne sera apporté à la religion de Dieu, car c'est la religion éternelle» [30]. C'est une conception islamique qu'on pourrait comparer à la conception patristique de l'*anima naturaliter christiana.* Je pense qu'il faudrait aussi rattacher au troisième principe de Grunebaum la prétendue rationalité de l'Islâm, qui n'a pas de mystère trinitaire, ni de Dieu qui se fait homme, ni de mystère de la mort rédemptrice du Fils de Dieu sur la croix. Souvent les apologètes musulmans ont présenté sous cet aspect leur religion comme la religion la plus simple et la plus «rationnelle» [31].

Un des effets de cette conception optimiste est peut-être l'ordinaire manque de curiosité de l'Islam pour les autres religions. Le cas du *Kitâb târîh al-Hind,* l'Histoire des Indes, dans laquelle al-Bîrûnî (m.c. 1050) décrit en maître la religion hindoue, est plutôt une exception dans la littérature islamique.

Rapport dynamique

Le quatrième point de Grunebaum souligne le fait que l'Islâm ne sépare pas science et sagesse et garde une conception dynamique de la vérité.

---

[30] El-Bokhari, *Les Traditions Islamiques,* Trad. de l'arabe par O. Houdas, t. III, Paris 1908, Titre LXV, sourate xxx, ch. I, p. 413.

[31] Dans sa *Risâlat al-tawḥîd,* en traitant de la rapide expansion de l'Islâm, Muḥammad 'Abdûh, fameux théologien musulman du XIXème siècle, s'en explique comme cela la raison: «Les peuples étaient à la recherche d'une religion s'accordant avec la raison et elle leur arrivait... C'est cela l'Islam et nous avons démontré que la vraie religion est un guide et qu'elle est la raison même» Cheikh Mohammed Abdou, *Rissalat al Tawhid,* Exposé de la Religion Musulmane, Traduite de l'arabe par B. Michel et le cheikh Moustapha Abdel Razik, Paris 1925, pp. 127, 135-136.

Je crois pour ma parte que l'Islâm des débuts, grâce à cette conception dynamique de la vérité put se répandre comme il le fit et produire la civilisation qui le caractérise.

Plusieurs choses qui ont été déjà dites pourraient être reprises sous ce point de vue. Le fait de ne pas s'identifier avec une culture déterminée, l'attitude critique vis-à-vis des cultures qui l'avaient précédé, le choix fonctionnel d'éléments culturels hellénistiques et autres, tout cela revient à une conception dynamique et non pas statique de la vérité.

Il y d'ailleurs une ancienne tradition islamique qui consacre cette attitude «transcendante» de l'Islâm vis-à-vis des cultures. «L'Islâm — dit-elle — est né solitaire (en raison de l'opposition à l'esprit du siècle) et redeviendra solitaire, comme à ses débuts. Heureux les solitaires! Ceux qui viendront réformer ce qui aura été corrompu après moi»[32]. Cette distance par laquelle l'Islâm est dit «solitaire» — que je préfère rendre par «transcendant» — est tellement liée, dans un rapport de cause et d'effet, à la surprenante inculturation de l'Islâm garde cette formidable capacité de s'inculturer. Car, s'il perd cette attitude de transcendance vis-à-vis des cultures, et s'il passe d'une attitude dynamique à une attitude figée et statique, son essor s'arrêde fatalement et la montée de sa civilisation se transforme en un piétinement sur place et même en une déchéance on déculturation.

En effet l'Islâm, après la phase ascendante des premiers siècles, a subi un déclin. Il faut remarquer comment le début de la phase de déclin coincïde avec ce qu'on appelle la fermeture de la porte de l'*iğtihâd.* C'est le début d'une conception figée et statique de la vérité. Cette conception considère que les docteurs de la *šarī'a* ont déjà tranché toute question. Il n'est plus nécessaire d'avoir recours aux sources directement, au Coran, à la Sunnah ou au raisonnement par analogie, et ceci par *iğtihâd,* cet effort sur le droit chemin qui s'oppose au *taqlîd* ou conformisme passif. Lorsque la religion s'identifie à un complexe de règles établies, c'en est fait de l'inculturation. Il n'y a plus d'isolement de solitaire, ou de transcendance. La foi est désormais coulée dans des moules pré-

[32] «Islam originated as a strange element and will become thus again», A.J. Wensinck, *A Handbook of early Muhammadan Traditions,* Leiden 1927, p. 114 A.

constituées et fixes. L'*iğtihâd* aboli, le *taqlîd* seul triomphe. Ce *taqlîd* encourt le jugement des théologiens aš'arites se demandant si la foi fondée seulement sur le *taqlîd* est suffisante au salut. Ce même *taqlîd* est bafoué par les réformateurs islamiques, qui prétendent que la porte de l'*iğtihâd* reste ouverte toujours, dans le regain de ce dynamisme de la vérité dont parle le quatrième point de Grunebaum.

Voilà pourquoi les réformateurs de l'Islâm parlent avec prédilection d'un retour aux sources. Ils veulent précisément un retour à la *salafiyyah,* la phase dynamique des débuts, lorsque la staticité et le fixisme n'étaient même pas possibles ni le déclin culturel non plus.

Tribalisme et langue sacrée

La cinquième cause d'essor suggérée par Grunebaum est la projection des structures du tribalisme arabe sur l'écran plus large d'une tribu dominante, celle des Qurayš, qui a à sa tête le caliphe et qui est secondée par des clients (*muwâliyyah*) et des protégés (*ahl al-ḏimmah*). C'était d'une certaine manière la seule division à l'intérieur de la société islamique. Elle n'était d'ailleurs pas basée sur le patrimoine, sur la profession ou sur la race. L'Islâm en effet n'est pas raciste. Depuis le début le Prophète a exclu le racisme lorsqu'il a confié la charge d'appeler à la prière à Bilâl Ibn Rabâḥ, un esclave de sang éthiopien au teint foncé [33]. Si l'Islâm primitif a donc gardé certaines des structures précédentes, il ne l'a pas fait sans discernement.

Le sixième principe de Grunebaum, le culte de l'expression verbale et son rapport spontané au texte sacré, le Coran, comme à un paradigme littéraire parfait, nous explique un fait singulier dans l'histoire de la diffusion de l'Islâm. La langue arabe, la langue de Dieu dans le Coran, a acquis un droit de priorité dans le monde islamique. Cette situation de privilège explique la diffusion de l'arabe dans des territoires qui, avant l'islâm et à ses premiers débuts parlaient d'autres langues. Cette conquête linguistique gagna l'Iraq, la Syrie, l'Egypte, l'Afrique du Nord et, pendant un certain temps, gagna aussi la Sicile et la péninsule ibérique. En cela l'Islâm s'est comporté différemment du Christianisme. Celui-

---

[33] W. 'Arafat, *Bilâl Ibn Rabâḥ*, EI² I (1960) pp. 1251.

ci, tout en employant la koïné grecque dans la rédaction du Nouveau Testament, n'a pas fait de cette langue sa langue sacrée et ne l'a pas amenée avec lui lor de son expansion dans la mesure où l'Islâm l'a fait pour l'arabe.

Je concéderais que ce phénomène puisse être considéré négativement. La diffusion de l'arabe se fait sous une pression «acculturante». La fausse équation «Islâm = Arabisme» s'explique peut-être aussi comme cela.

Tout de même, comme l'arabophonie n'est pas coextensive à tout le monde islamique, mais la plupart des territoires à majorité musulmane, la Turquie et l'Iran par exemple, ne parlant pas l'arabe, cela signifie que le phénomène de la diffusion de l'arabe fut spontané et non pas le fruit d'une politique voulue.

Principes d'inculturation

Après avoir considéré à vol d'oiseau le phénomène historique de l'expansion et de la production culturelle initiale de l'Islâm et après avoir réfléchi sur la tentative de Grunebaum de les expliquer par certaines causes profondes, nous croyons pouvoir, nous aussi, tirer du cadre historique du début de l'Islâm quelques principes généraux inductifs de l'inculturation. Les voici:

1) Un message de foi, pour s'inculturer, doit garder une attitude critique vis-à-vis de la culture du milieu duquel il provient et vers lequel il se dirige.

2) Pour faire cela, il doit avoir envers la culture une attitude relativisante, qui en assimile les éléments, endogènes et allogènes, en fonction de leur efficacité quant au fait de véhiculer le message.

3) Ce même message de foi doit éviter l'attitude opposée, c'est-à-dire statique envers la culture. Il ne doit pas identifier le message lui-même avec un ensemble déterminé et figé d'éléments culturels.

Parmi les hommes de l'Islâm il y en a un qui eut l'intuition de tout cela bien avant le temps où l'une des sciences humaines prit la culture en tant qu'objet formel. Abû Ḥâmid Muḥammad Ibn Muḥammad al-Gazâlî (1058-1111), «la preuve de l'Islâm», un des personnages les plus fameux du monde islamique, a très bien compris que la foi ne doit pas s'identifier avec une culture mais qu'elle doit garder une attitude de distance transcendante vis-à-vis de celle-ci. Gazâlî n'a aucun mépris pour la culture. Au contraire. Mais la culture n'est pour Gazâlî ni apologétique ni polémique vis-à-vis de la foi. «Les sciences mathématiques — dit-il — ne comportent aucunement négation ou affirmation des problèmes religieux... Rien dans la logique n'a affaire pro ou contra avec la religion. Il n'y a rien dans la logique qui doive être rejeté» [34].

Ces convictions d'al-Gazâlî que nous lisons dans son ouvrage autobiographique *al-munqiḏ min al-ḍalâl, Erreur et délivrance,* sont formulées encore à la fin de ce même ouvrage par des mots qui expriment avec efficacité la trascendence de la foi sur la culture. «Celui qui reconnaît par la seule bouche l'existence de la prophétie, mais identifie les prescriptions de la révélation avec le savoir humain, ne croit pas en effet à la prophétie... Au contraire, la foi dans la prophétie implique l'acceptation d'une étape qui transcende la pure raison... La raison ne peut en juger, comme l'ouïe ne peut juger des couleurs, la vue des sons ou les sens des concepts rationnels... Le seul fait de reconnaître la possibilité d'une telle transcendance revient à reconnaître qu'il y a effectivement un domaine qui transcende la perspective de la raison humaine, bien qu'elle-même, de soi, le dirait impossible» [35].

L'idée de la transcendance de la foi et de la relativité de la culture humaine, ni apologétique, ni polémique, correspond grosso modo aux premier et deuxième principes d'inculturation que nous avons formulés. Mais aussi notre troisième principe, ou le refus d'un rapport statique entre foi et culture, est en quelque manière énoncé par Gazâlî. En effet, l'idée de la transcendance de la foi sur la culture est liée dans la pensée de Gazâlî à l'urgence de renouveler le dynamisme de la foi surtout si elle risque la stagnation et le fixisme. Sa préoccupation de redonner de la vitalité à la foi, au delà du *kalâm* figé des *mutakallimûn,* est l'âme de son plus grand ouvrage, *Iḥyâ' ʿulûm al-dîn.* D'une telle «Vivification des sciences re-

---

[34] Al-Gazâlî, *Munqiḏ min al ḍalâl,* Bayrut 1969, pp. 20, 22.

[35] *Ibid.,* pp. 50-51. La plus récente version anglaise rend comme ceci les derniers mots: «The proof of its possibility is its existence. And the proof of its existence is the existence in the world of knowledge which could not conceivably be obtained by the intellect alone...» *Freedom and Fulfillment.* An annotated Translation of al-Ghazâlî's *Munqidh min al Ḍalâl* and Other Relevant Works of al-Ghazâlî by Richard Joseph McCarthy S.J., Boston 1980, p. 98.

ligieuses» l'islamologue William Montgomery Watt écrit: «Cette prodigieuse entreprise tire son origine du sentiment qu'éprouva Gazâlî qu'entre les mains des *'ulamā* de son temps, la science religieuse était devenue un moyen de faire son chemin en ce monde, tandis qu'il avait pour conviction profonde que son propre but est de conduire au salut dans le monde futur» [36].

Gazâlî, en réaffirmant la transcendance de la foi et le rapport dynamique entre foi et culture, découvre en même temps que ce rapport est tellement étroit que le déclin culturel d'un contexte religieux suppose fatalement le déclin de la foi dans ce même contexte. Le déclin culturel est pour Gazâlî un epiphénomène du déclin de la foi, un cri d'alarme qui exige de nous le renouveau religieux.

Pour conclure, notre religion, notre contexte culturel, ne sont pas les mêmes que ceux de l'Islâm primitif ou ceux de Gazâlî. Mais pour nous aussi la transcendance de la foi sur la culture, sa non-identification avec une culture donnée, soit autochtone soit allogène, le sain relativisme qui doit diriger nos choix culturels, tout cela a son poids aujourd'hui et partout.

Et cette simple constatation peut constituer le fruit valable d'une comparaison qui vient de si loin.

---

[36] W. Montgomery Watt, *Al-Ghazâlî,* EI^2 II (1965) pp. 1062-1066 (1065 A).

Patrick J. Ryan, S.J.

THE DIALECTIC OF INCULTURATION AND DISINCULTURATION IN WEST AFRICAN ISLAM

THE DIALECTIC OF INCULTURATION AND DISINCULTURATION IN WEST AFRICAN ISLAM

The Reverend David Hinderer, a Swiss-German pastor of the Anglican Church Missionary Society, first visited Ibadan in what is nowadays Nigeria in 1851. Ibadan, often characterized today as the largest indigenous city in black Africa, was a much smaller place at the time of Hinderer's arrival, scarcely more than two decades after its foundation as a city of refuge. Although that foundation had come about as a result of internecine Yoruba strife complicated by Muslim Fulani intervention in the affairs of the old Ọyọ state, Muslims of non-Yoruba origin soon enough felt free to settle in Ibadan. Oluyọle, the first important ruler of Ibadan, is said to have welcomed these Muslim aliens (principally Hausa, it would seem) because a traditionalist [1] Yoruba diviner (*babalawo*) had told him that "a foreign Shaikh, whose prayers were always answered, would come to Ibadan, and that if he arrived, he (Oluyọle) should take pains to accommodate him." [2]

This Muslim oral tradition about Oluyọle's spiritual openness to the coming of a shaikh who may be characterized in Muslim mystical terms as *mustajāb al-duʿā'* (one whose prayers are answered) does not necessarily contradict a different, presumably non-Muslim oral tradition which asserts that the same Oluyọle tore down the first mosque raised in Ibadan by alien Muslims. Muslim holy men as individuals or in small groups have often been accorded a cordial welcome in traditionalist areas

---

[1] By the term 'traditionalist' I refer to Africans whose faith is expressed in the traditions handed down to them by their African ancestors.

[2] As reported in F. H. El-Masri, "Religion in Ibadan: B. Islam," in *The City of Ibadan*, eds. P.C. Lloyd, A.L. Mabogunje and B. Awe (Cambridge: Cambridge University Press, 1967), p. 251.

in black Africa. Their services as 'chaplains' have often benefited rulers like Oluyọle, anxious to consolidate their power with any available spiritual means.

But the construction of a mosque is another matter entirely. No matter how modest, a mosque requires land and the possession of land brings with it a certain political permanence for the builders either as individuals or (more importantly) as a community. Modern West African governments, like the indigenous rulers before them, still make it extremely difficult for aliens to possess land or build on it, as many a rueful expatriate missionary can testify.

Hinderer, who arrived just after Oluyọle's reign, sensed that a critical point had been reached in the religious life of Ibadan and he was determined to begin evangelization there before Islam took firm root. Oluyọle's successor, who ruled for less than a year (1850-51), had reversed his predecessor's opposition to the building of a mosque,[3] probably because the growing importance of the alien Muslim community seemed to demand it and possibly because the Muslim community by mid-century also included in its ranks not a few indigenous Muslims, Yoruba converts whose right to freehold property could not be challenged. By 1855 Hinderer observed that the alien Muslims were willing to accommodate themselves to not a little of Yoruba culture. Hinderer reports a conversation he had in that year with such an alien Muslim who maintained, in Hinderer's words, that «Mohammedans must conform a little with heathen fashion because they are not yet enough in numbers and power to get on without."[4]

Hinderer's account of alien Muslim motivation in Ibadan betrays considerable ethnocentrism, to say the least, and not a little evangelical disdain for Muslims and their missionary encounter with Yoruba culture. Nevertheless, the pattern suggested by his anonymous Muslim interlocutor's statement in 1855 can be verified in much of the West African history of Islam. To describe this pattern in less pejoratively judgmental

---

[3] As report in Isaac B. Akinyẹle, *Outline History of Ibadan,* 2nd ed. (Ibadan: The Caxton Press, n.d.), I, 108.

[4] Hinderer quoted in J. F. Ajayi, *Christian Missions in Nigeria, 1841-1891: The Making of a New Elite* (London: Longman, 1965), p. 20, n. 1.

terms, (1) Muslims have often put down roots in traditionalist West African communities rather unobtrusively and gradually, fitting in where possible and supplying Muslim or apparently Muslim solutions for locally felt needs, (2) As the number of Muslims, alien and indigenous, in any particular society increases, they have often been able to transform the cultural environment in which they exist. Islam has filtered into many West African cultural settings, drop by drop; but gradually it has saturated or even displaced the cultural complex first encountered.

The pattern of Muslim history in West Africa may be characterized, then, as inculturation followed by disinculturation. It should be noted, however, that these phases in the development of Islam in West Africa are not very self-conscious nor absolutely air-tight, mutually exclusive of each other. In the concrete there has been, at most points in the evolution of Islam among West Africans, a dialectic between inculturation and disinculturation, a tendency to "conform a little with heathen fashion" complemented by a desire to "get on without."

I. *Conforming with Heathen Fashion*

The first Muslims to encounter the peoples of black West Africa were probably Berber and Arab merchants of the Ibāḍī sect of Khārijites who came from Tahert (in modern Algeria) to trade at Gao on the Niger River (in modern Mali) as early as the eighth century A.D. North African contacts with sub-Saharan Africa long preceded the Islamic era, as the cave drawings of Tassili-n-ajjer in southern Algeria and other prehistoric sites in the Sahara indicate.[5] Nehemia Levtzion, an Israeli historian of Africa, suggests that the Almoravid struggle with eleventh-century Ghana, the Soninke empire centered in what is now the Mauritanian-Malian border, was only the last stage in a test of strength between Berber pastoralists and Sudanic agriculturalists.[6]

[5] See Henri Lhote, *The Search for the Tassili Frescoes*, trans. A.H. Brodrick (New York: Dutton, 1959).

[6] Nehemia Levtzion, *Ancient Ghana and Mali* (London: Methuen, 1973), p. 7.

That struggle had been in progress for at least two millenia before that as the former savannah continued its seemingly inevitable descent into Saharan aridity.

Islamic scruples never seem to have prevented these earliest Ibāḍī traders nor their successors from entering into commercial intercourse with the non-Muslim population of the Sahel, the southern 'coast' of the Sahara. Although some *sunnī* Muslims interpreted the Qur'ān, prophetic example and legal consensus as forbidding them to deal with infidels (*kuffār*),[7] it proved not impossible to 'convert' key merchant rulers of the sub-Saharan area, at least nominally. Al-Bakrī, an Andalusian geographer writing in Cordova in the middle of the eleventh century, describes how the ruler in Gao combined traditionalist rites with a nominal adherence to imported Islam:

> When the king sits down, the drums are beaten and the black women begin to dance, shaking out their thick hair. No one does any work, in the city until he has completed his meal. Then they throw what remains into the Nile (i.e., the Niger) and raise a shout and screech so that people know that he has completed his meal. Whenever a king comes to power among them there is presented to him a seal, a sword and a copy of the Qur'ān. They allege that the Commander of the Faithful (i.e., the caliph) sent it to them for that purpose. Their kind is Muslim and they do not have non-Muslim kings.[8]

Al-Bakrī's mercantile informants in the Western Sudan (principally the area of modern Mauritania, Senegal and Mali) seem to have differentiated the traditionalist populations with whom they dealt on the basis of their importance to them as trading partners. Thus the religious observances of ancient Ghana, where the alien merchants traded extensively, were characterized as *Majūsiyyah* (Magianism). Not that apostles of

---

[7] This was at least one interpretation of Quranic injunctions such as the following: "Let not the faithful take infidels for friends in preference to the faithful. Whoever does that has nothing to do with God" (Qur'ān 3:28). See the work of 'Uthmān Dan Fodio cited below, n. 27.

[8] Abu 'Ubaid Allāh al-Bakrī, *Kitāb al-masālik wa'l-mamālik*, trans. and ed. Mac Guckin de Slane, *Description de l'Afrique Septentrionale*, 2nd ed. (Paris: Geuthner, 1913), p. 179 (Arabic)/391 (French).

the Zoroastrian prophetic tradition had reached this farflung outpost! In the Muslim world *Majūsiyyah* has more than once served as a euphemism for the faith of those infidels who prove either unsuitable for conversion or unconquerable for other reasons. The Qur'ān had extended religious tolerance to the adherents of the Jewish, Christian and Ṣābi'an religious traditions, "the People of the Book" (*ahl al-kitāb*). Historical circumstances mandated that the Magian masses in newly conquered Persia be given the same religious liberty. In subsequent generations the category of *Majūs* was extended to include such diverse populations as the Berbers of North Africa, the Norsemen and the West African trading partners of al-Bakrī's informants.[9] Even their idols (*aṣnām*) were referred to as *dakākīr,*[10] an indigenous African term otherwise unknown in Arabic literature. Al-Bakrī and his informants seem to have reserved the terms *mushrikūn* (polytheists) and *kuffār* (infidels) for those peoples of the Western Sudan with whom they had no trading contacts or among whom they had even encountered some hostility.

The once popular thesis that Islam was spread by the sword in sub-Saharan Africa and elsewhere has been more recently replaced by the economic historians' suggestion that it was spread by trade. It is true that a certain nominal Islamic adherence may have been spread to merchant rulers in the Western Sudan by Berber and Arab traders between the eighth and eleventh centuries A.D., but it is doubtful whether it meant much more than the acquisition of a certain amount of enthronement regalia of dubious significance to its owner, as in the instance of Gao above described.

Humphrey Fisher, a British historian of Africa, has even suggested that the first presence of Muslims in sub-Saharan Africa could best be qualified as a presence in "quarantine."[11] Muslim merchants from North Africa, for instance, were content to live six miles away from the royal settlement of

---

[9] See V.F. Büchner, "Madjūs," in *Shorter Encyclopaedia of Islam,* eds. H.A.R. Gibbs and J.H. Kramers (Leiden: Brill, 1953).

[10] Al-Bakrī, p. 176/384.

[11] "Conversion Reconsidered: Some Historical Aspects of Religious Conversion in Black Africa," *Africa,* 43 (1973), 31.

ancient Ghana and commute to it for their duties not only as traders but also as ministers in the traditionalist ruler's court. Although these Muslim aliens were undoubtably aware of the rites that were practiced in "the grove" (*al-ghābah*) of the ruler's ancestors, they themselves were exempted from certain of the more debasing rituals of the court. While the local adherents of *Majūsiyyah* and the worship of *dakākīr* were required to kneel and throw dust on their heads in the royal presence, the Muslims who served in the court as interpreters, accountants and other functionaries were only obliged to clap.[12]

Quarantine of this sort, the self-segregation of the Muslim community in a traditionalist environment, seems to have broken down not so much because North African merchants conferred honorary Muslim status on those black African merchant rulers with whom they traded for gold and slaves but because black Africans themselves took an interest in certain elements of the Muslim tradition. Those elements were not necessarily the core of Islam. Al-Bakrī narrates how, at some time before the middle of the eleventh century, the ruler of droughtstricken Malal, very probably a predecessor state of medieval Mali, turned to a pious Muslim guest in his court for aid in supplicating from heaven the gift of rain. The Muslim prayer for rain (*ṣalāt al-istisqā'*) employed by the ruler and his guest in Malal produced the desired results. Al-Bakrī informs the reader that ruler's "submission (*islām*) was assured as was that of his descendants and the elite, but the general populace were polytheists. Since that time they have called their rulers *al-Muslimānī.*"[13]

This narrative of Muslim prayer used in Malal about a millenium ago to end a drought may be cited as the first instance in West Africa of a long history of such pragmatic introductions to Islam. Like Oluyọle in nineteenth-century Ibadan, the ruler in Malal who was later known as al-Muslimānī had apparently welcomed his Muslim guest at some earlier period as one whose prayers were answered. Although Levtzion asserts that the Muslim guest in Malal was a merchant,[14] al-Bakrī gives no

---

[12] Al-Bakrī, p. 176/384-5.
[13] Al-Bakrī, p. 178/388-9.
[14] Levtzion, p. 53.

indication of his vocation other than to say that he was one "who used to recite the Qur'ān and study the Prophet's *sunnah*."[15] Although some modern Muslim reformers frown on the custom of reciting the Qur'ān for the benefit of traditionalist rulers,[16] the practice of such Muslim court chaplaincy for non-Muslim rulers is long established in West Africa, as al-Bakrī's narrative demonstrates. At a crucial point, moreover, when the observances of traditionalist faith no longer seem to answer to the needs of local people, such a court chaplain, reputed to be effective in prayer, enters into a unique opportunity for propagating Islam.

To pray for rain and in the process convert at least the ruler to Islam can hardly be called, by itself, a major example of Muslim willingness to "conform a little with heathen fashion." But the orientation of the Islamic religious tradition, ideally centered on the twofold testimony to God's onliness and the apostleship of Muḥammad, to such practical ends as rainmaking has, in the long run, led to a radical transformation of Islam in West Africa.

To stay with the example of rainmaking, the orthoprax Muslim prayer for rain described by al-Bakrī in the eleventh century is considerably transformed by the late fifteenth and early sixteenth century when Askiya Muḥammad I ruled Songhay, the riverain empire on the Niger (centered on Gao in modern Mali). As in contemporary Senegal, the act of praying is obscured by the powers attributed to the professional man of prayer, the *marabout*. Askiya Muḥammad I, a prototypical African coup-maker, overthrew the Sonni dynasty in 1493. Like many a modern military ruler in the Islamic areas of Africa, the Askiya sought the absolution from sin and other blessings ascribed to the completion of the Muslim pilgrimage. But on the way overland towards the sacred precincts Askiya Muḥammad and his entourage, including the holy man Mur Ṣāliḥ Jawara,

---

[15] Al-Bakrī, p. 178/388.

[16] The late *muftī* of the Central Mosque in Ibadan, Aḥmad al-Rifā'ī, has written Arabic verse condemning such common West African Muslim practice as recitation of the Qur'ān for a traditionalist chief by way of blessing him. See Patrick J. Ryan, S.J., *Imale: Yoruba Participation in the Muslim Tradition* (Missoula, MT: Scholars Press for *Harvard Theological Review*, 1978), p. 209.

were overtaken by the fierce simoom blowing from the Sahara which dried up their water. Askiya Muḥammad sent for Ṣāliḥ Jawara and asked him to approach God through the "sacred status" (*ḥurmah*) of the prophet Muḥammad and beg for rain. Jawara rebuked the Askiya's messenger and insisted that Jawara's own personal "sacred status" was sufficient to exact the benefaction of rain from God.

> The sacred status of the Prophet ... is too sublime for one to ask by means of it for worldly needs. Ask us to pray by the sacred status we have ourselves — we who are sinners. With that he rose that very hour and, turning towards the *qiblah,* he said, "O God we are thirsty and thou knowest the condition we are in. Thou art the knower of the apparent and the hidden!" Hardly had he finished his words when we heard thunder and it began to rain down upon us.[17]

Emphasis on the sacred status of the *marabout* and his influence with God has played a notable part in the development of Islam in much of West Africa. This is particularly true in Senegal and the Gambia, as well as in those Hausa circles throughout West Africa where the Tijāniyyah mystical confraternity wields even today an influence reminiscent of the former glory of *ṣūfīs* in the Arab world before the late eighteenth century.

In some areas of West Africa, moreover, and in particular at the outer limits of effective Islamic penetration, a further transformation of Islamic devotionalism has been effected. Once again prayer for rain provided the focus. Between the late sixteenth century and the late eighteenth century, in at least one area of West Africa where literate Muslim presence was weak, Kano before the Fulani *jihād,* the Muslim solution to the problem of drought was the use of a Qur'ān wrapped in skins as a rainmaking 'medicine' or shrine called Dirki. First popularized in Kano in the reign of the Sarki (chief) Muḥammad Zaki (1582-1618), Dirki had become the impersonal recipient of cattle sacrifice two hundred years later. The last Hausa ruler of Kano before the forces of the Fulani *jihād* overwhelmed him, Muḥammad al-Walī (1781-

---

17 "Maḥmūd Ka'ti" (Ibn al-Mukhtar), *Ta'rīkh al-fattāsh,* trans. and eds. O. Houdas and M. Delafosse (1913-14; rpt. Paris: Maisonneuve, 1964), p. 68/129-30.

1807), rebelled against this tradition. When Kano was struck by drought resulting in famine, his subordinates urged him to sacrifice cattle to Dirki for the gift of rain:

> "Sarkin Kano, why do you refuse to give cattle to Dirki?" The Sarki said, "I cannot give you forty cattle for Dirki." They said, "What prevents you? If any Sarkin Kano does not allow us cattle for Dirki, we fear that we will come to some ill." Al-Walī was very angry and sent young men to beat Dirki with axes until that which was inside the skins came out. They found a beautiful Qur'ān inside Dirki. Al-Walī said, "Is this Dirki?" They said, "Who does not know Dirki? Behold, here is Dirki." Dirki is nothing but the Qur'ān. In al-Walī's time the Fulani conquered the Hausa states on the plea of reviving Islamic piety.[18]

The Kano Chronicle attributes to the man in the street the opinion that Muḥammad al-Walī's defeat by the Fulani resulted from hostility to the shrine of Dirki: "The people said, 'You will be expelled from this land even as you have expelled the Qur'ān from Dirki'."[19]

In what sense can it be said that these three West African examples of Muslim rainmaking exemplify the process of inculturation? An understanding of the religious significance of rain in traditionalist West Africa may give clues toward answering this question.

Agriculture was first practiced in the Western Sudan around 1000 B.C., judging from the radiocarbon dates taken by the archaeologist P. J. Munson in southern Mauritania.[20] Previous to that time the peoples of this zone of Africa eked out a living as hunters and gatherers, fishers and herders. After 1000 B.C. the desiccation of the Sahara and the earlier mentioned tensions between Sudanic agriculturalists and Berber pastoralists seem to have prompted these populations to migrate southwards into what is now the Sahelian and Voltaic savannah zones. The

---

[18] *The Kano Chronicle*, trans. H. R. Palmer in *Sudanese Memoirs* (1928; rpt. London: Cass, 1967), III, 127. I have made some minor changes in Palmer's transcription of Arabic words. This anonymously written royal history had never been edited and published in its Arabic original.

[19] *The Kano Chronicle*, III, 116.

[20] For a summary of Munson's work, see Levtzion, p. 12.

Sahelian drought of the last decade has brought to the whole world's attention the tragic reality of the desertification process that began in prehistoric times and is far from ended.

So it is that among the indigenous populations of the Sahelian and Voltaic savannahs today — the Western Sudan — concern with rain is central to their religious imagination. In no sense can West African understanding of the Supreme Being be reduced to mere hypotatization of rain, but at least one level of the symbolism of Ultimate Reality in West Africa takes its specificity from the imagery of rainfall and the sky, often in complementary relationship with the earth as the source of life.[21] It is interesting to note in passing that the bipolarity of the relationship between earth and sky declines in symbolic importance in areas of West Africa within the forest zone; where rain is taken for granted it loses something of its transcendent reference.

To return to the three instances of Muslim rainmaking cited above, all three exemplify Islamic inculturation in the Western Sudan, although each exemplifies such inculturation in a different manner. In the first example, al-Muslimānī's pious guest who had lived in "quarantine" until approached by the king for spiritual assistance retained his own identity as a Muslim and even brought the king who was the beneficiary of his religious services to a fair approximation of normative Muslim practice. Although the king is said, as the result of the favor granted him, to have "ordered the destruction of the *dakākīr* and expelled the sorcerers from his country,"[22] al-Bakrī admits that the vast majority of the people in Malal in the eleventh century remained unaffected by the royal conversion.

About five centuries after the conversion of the king of Malal and his humble prayer for rain, certain Muslim West Africans like Mur Ṣāliḫ Jawara claimed for themselves a personal charism in this sort of prayer. Their *ḥurmah* or "sacred status" with God was thought sufficient to assure rainfall in the desert. In such a religious development humble prayer for rain gives way to a certain magical attempt to control the elements of God's universe.

---

[21] See Meyer Fortes, *The Dynamics of Clanship among the Tallensi* (London: Oxford University Press, 1945), esp. p. 107, n. 11.

[22] Al-Bakrī, p. 178/388-9.

A hundred years later, at least in outposts like Kano, the power of rainmaking was attributed neither to God nor to man but to a mysterious Qur'ān wrapped in hides. Two hundred years later the Sarkin Kano who rebelled against the sacrifical veneration of this rainmaking shrine was thought by his Hausa contemporaries to be punished by the shrine for challenging its power.

All three instances of Muslim rainmaking can be called examples of Islamic inculturation in West Africa. Only the first, however, the prayer for rain in Malal, would satisfy an orthoprax *sunnī* Muslim of the Mālikī legal tradition as permissible, a legitimate way to "conform a little with heathen fashion because they are not yet enough in number to get on without." For such an orthoprax Muslim the maraboutic claim to command God's gift of rain and the use of the Qur'ān as a rainmaking shrine are, to say the least, impermissible compromises with the West African religious symbols of the rainmaking earth shrine and its powerful, priestly custodian. When the Muslim population in any area of West Africa reached majority status, reaction almost inevitably set in against such radical examples of inculturation.

II. *Getting on Without*

Those Muslim functionaries at the court of ancient Ghana who only clapped their hands in the royal presence while the king's co-religionists threw dust on their heads manifested in that gesture the most ancient example of what I would call Islamic disinculturation in West Africa. Living like so many Muslims in predominantly non-Muslim areas of modern West Africa in a separate Muslim settlement (called a *zongo* in contemporary Ghana), these Muslim functionaries described by al-Bakrī in the eleventh century began a tradition of distinguishing themselves from their immediate cultural setting.

Not everyone followed their example. The North African traveller Ibn Baṭṭūṭah was horrified to discover that in the ostensibly Muslim royal court of Mali in the fourteenth century courtiers swore by the ruler's name as other Muslims would by God's name. Unlike the Muslim court functionaries of ancient Ghana, who only clapped, those in Mali who approached the ruler threw dust on their heads and backs "just as one would do so with water for ablution."[23] Universal use of clothing, usually so characteristic of Islamic areas of West Africa, had not yet penetrated the court of Mali in the fourteenth century. Ibn Baṭṭūṭah, as proper as any Victorian missionary, deplored the presence of naked slaves, male and female, as well as naked free women in the court not only in the month of Ramaḍān but even at the festive gathering on *Laylat al-qadr* (The Night of Power)![24]

But the shocked surprise of a North African Muslim visitor to Mali does not necessarily merit description as the West African Islamic instinct for disinculturation. Even the fulminations of the North African reformer Muḥammad ibn ʿAbd al-Karīm al-Maghīlī (d. 1504) against the supposed corruption of Islam in Songhay under Sonni ʿAli (d. 1492) may also be ascribed to the ethnocentrism of a foreign Muslim missionary.[25] But the tradition of opposition to those who would "conform a little with heathen fashion" was implanted by these foreign Muslims in the most literate Muslim circles in West Africa from the earliest times. The seeds of disinculturation thus implanted later bore fruit, especially with the beginning of the *jihād* movements of the early nineteenth century.

No better example can be cited from that era of the indigenous West African Muslim instinct for disinculturation than the career and writings of the intellectual progenitor of the Fulani *jihād* (1804-09), ʿUthmān Dan Fodio. Born in 1754 of Fulani parents in what is now northwestern Nigeria, Dan Fodio was descended from a long line of scholars who had originally migrated eastwards from Futa Toro (in modern Senegal) to the Hausa-speaking areas of the central Sudan in the fifteenth century. Despite centuries of coexistence with traditionalist or semi-Islamized Hausa populations, these Fulani clerical families

---

[23] Muḥammad ibn ʿAbd Allāh ibn Baṭṭūṭah, *Tuḥfat al-nuẓẓār fī-gharā'ib al-amṣār wa-ʿajā'ib al-asfār*, trans. and eds. C. Defrémery and B. R. Sanguinetti, *Voyages d'Ibn Batoutah*, (Paris: Imprimerie Nationale, 1922), IV, 407-8.

[24] Ibn Baṭṭūṭah, IV, 423-4.

[25] See John O. Hunwick, ed. and trans., *The Replies of Al-Maghīlī to the Questions of Askia Al-Ḥājj Muḥammad* [Fontes Historiae Africanae: Series Arabica IV] (Oxford University Press for the Union Academique Internationale, forthcoming).

preserved their own Muslim and Fulani identity intact. Occasional persecution by Hausa rulers reinforced this identity.

Educated completely within West African Muslim clerical circles, Dan Fodio began in 1774 a career of preaching and writing in Fufulde, Hausa and Arabic which has provided a fertile field over the past twenty years for modern scholars intent on studying the history and theology of Islam in West Africa. Dan Fodio's *ṣūfī* piety, derived from the Qādiriyyah fraternity, together with his relatively provincial educational background argue against the possibility, suggested by at least some modern scholars,[26] that he had imbibed his reformist ideas from the Wahhābī rigorism that had been ignited in the Arabian peninsula in the eighteenth century. If this movement's puritanism had been communicated to Dan Fodio indirectly through his quondam professor, Jibrīl Ibn ʿUmar (who had visited Arabia twice), Wahhābī prejudice against *ṣūfī* piety — central to its doctrine — had been excised. It is historically much more probable that the origins of Dan Fodio's antagonism to "those who mix" (*al-mukhalliṭūn*) Islam with traditionalist religious observances arose from three centuries or more of Muslim Fulani experience in Hausaland.

Dan Fodio insisted repeatedly, especially in his writings during the era of the *jihād,* that the true Muslim must separate himself from those who do not share his faith. Muslim history dates from Muḥammad's emigration (*hijrah*) from recalcitrant Mecca (622 A.D.) after the Meccans has spurned his preaching, and those who would tread the same path (*sunnah*) as the Prophet must imitate him: "I say, and success is from God: Emigration from the lands of the unbelievers is an obligation according to the Book, the Sunna and the *ijmāʿ*."[27]

The highly Africanized Islamic piety of the Hausa rulers and the more general masses of his contemporaries Dan Fodio did not consider genuinely Muslim. In a post-*jihād* work probably

---

[26] See, for instance, Mervyn Hiskett, "An Islamic Tradition of Reform in the Western Sudan from the Sixteenth to the Eighteenth Century," *Bulletin of the School of Oriental and African Studies,* 25 (1962), 596.

[27] ʿUthmān ibn Fūdī, *Bayān wujūb al-hijrah ʿalà ʾl-ʿibād,* trans. and ed. F. H. El-Masri [Fontes Historiae Africanae: Series Arabica I] (London: Khartoum University Press/Oxford University Press, 1978), p. 12/48.

dating from 1812 Dan Fodio listed among infidels or unbelievers (*kuffār*) not only those "who have never accepted Islam" but also those who "mix acts of unbelief with acts of Islam. They have accepted Islam but failed to abandon such acts of unbelief as veneration of stones and trees by sacrificing animals at them and anointing them with 'dough'." Even worse than these 'mixers' in Dan Fodio's opinion were those who added to their 'mixing' a tendency to "mock the religion of God and deny (some of) the injunctions of the Sharī'a." Dan Fodio was willing, however, to extend the category of Muslim to include those who through no fault of their own have "embraced Islam but have not understood it."[28]

In what sense is Dan Fodio's, condemnation (*takfīr*) of 'mixers' an example of the Islamic reformist instinct for disculturation? Whatever may be said about the historical, *de facto* openness of the Islamic tradition of faith to "conform a little with heathen fashion," in the ideal order, which entails the establishment of an Islamic state where Muslim are "enough in number and power to get on without", such openness is condemned. Those Muslim Nigerians who walked out of the Constitutional Convention of 1978 in Lagos because the majority of its members had voted down their proposal for setting up an Islamic legal system throughout Nigeria separate from and parallel to the secular system were only imitating the *hijrah* of Dan Fodio and the prophet Muḥammad before them. Dan Fodio's emigration from the realm of the Ruler of Gobir in 1804 signalled a refusal to acknowledge any longer the government of a 'mixer' who was judged to be an infidel. Muḥammad's emigration from Abū Sufyān's Mecca in 622 A.D. was a judgment on the godlessness of rule that prevailed in that mercantile center.

Dan Fodio condemned as 'mixing' not only continuance in "veneration of stones and trees" but a host of less obviously traditionalist practices that can be found as readily in the central Muslim world as in West Africa:[29] Astrology and other forms of

---

[28] *Tamyīz al-muslimīn min al-kāfirīn* ("Distinguishing Muslims from Infidels"), as quoted in translation by El-Masri in *Bayān*, pp. 7-8.

[29] Muḥammad al-Amīn ibn Muḥammad al-Kanamī, who rose to the intellectual (and late military) defense of Bornu against the forces of the Fulani

divination, offerings made at saints' tombs, magical practices involving the Qur'ān. Furthermore, in the tractate *Nūr al-albāb* ("The Light of Hearts"), Dan Fodio spelled out what he meant by infidelity (*kufr*). While "veneration of stones and trees" betrays fairly obvious *shirk* (polytheism, or, literally, ascription of partners to God), a much longer list of acts was interpreted in the time of the Fulani *jihād* as the equivalent of *shirk: istiḥlāl al-ma'ṣiyyah* (declaring to be lawful what is actually sin). Those who made mockery of repentant sinners, or of those who perform the ablutions, or of women who wear the veil were all described by Dan Fodio as infidels (*kuffār*).[30] In other words, those who mocked what they construed to be the excessive piety of Dan Fodio and his *muhājirūn* (emigrants) were infidels; those who laughed at their notable scrupulosity about the ritual of cleansing before prayer were also infidels; those who made light of the impractical notion that women should go about not only clothed but even veiled — too were infidels! The list of infidels so defined, even within relatively devout circles in Muslim West Africa, would be long indeed if Dan Fodio's *takfīr* were to be universally observed.

In another work Dan Fodio catalogued the examples of *kufr* in the Hausa kingdoms before the *jihād,* especially those observed in court life. Although Dan Fodio's own brother and son led his armies in the *jihād* and the latter eventually ruled the Sokoto caliphate after he had edged out the former in a struggle for power, Dan Fodio saw in the Hausa rulers' institution of hereditary succession an example of their infidel status. The luxurious court ceremony of the Hausa rulers, especially their courtiers' "putting of dust upon their heads when giving a greeting," was also cited as evidence of royal infidelity. The kings' cultivation of *bori*-dancing, a traditionalist Hausa form of possession nowadays mainly practiced as entertainment by

---

jiḥād, was the first Muslim to challenge Dan Fodio's condemnation (*takfīr*) of 'mixing' Muslims. See Louis Brenner, *The Shehus of Kukawa: A History of the al-Kanemi Dynasty of Bornu* (Oxford: Clarendon, 1973), esp. pp. 40-45.

[30] For the text and translation of *Nūr al-albāb,* see Ismaël Hamet, "Nour-El-Eulbabe (Lumière des Coeurs) de Cheïkh Otmane ben Mohammed ben Otmane dit Ibn-Foudiou," *Revue Africaine: Bulletin des Travaux de la Société Historique Algérienne,* 41 (1897), 297-320; 42 (1898), 58-81.

professional prostitutes, came up for mention as well as another example of the Hausa rulers' *kufr*.[31]

The seeds of disinculturation, sown by those Muslim functionaries who only clapped in the court of Ghana or by North African visitors like Ibn Baṭṭūṭah and al-Maghīlī who disapproved of much of what they saw or heard in medieval Mali and Songhay, bore West African fruit in the Fulani *jihād*. It may be suggested, however, that the Fulani, resident aliens in Hausaland for nearly four centuries, were not totally indigenous to the area whose culture they criticized on Islamic grounds. It can even be said that they misinterpreted Hausa culture. Was the West African head-dusting before a king which these Muslim critics excoriated as infidelity (*kufr*) really to be so harshly judged?

One is reminded of those Jehovah Witnesses who have come into so much conflict with modern African nationalism by their refusal to perform a sign of allegiance which they interpret as idolatrous: saluting a flag! A modern disciple of ʿUthmān Dan Fodio, the Yoruba Arabist and pedagogue Adām ʿAbd Allāh al-Ilūrī, continues today Dan Fodio's tradition of West African disinculturation. Al-Ilūrī, whose opinions reach a comparatively small audience because he nearly always writes in Arabic, characterizes as *al-taqālīd al-jāhiliyyah* ("pagan customs," or even "stupid traditions") such ordinary Yoruba practices as the continued use, especially as surnames, of nomenclature that enshrines statements about the spiritual forces of traditionalist faith. Al-Ilūrī sees that the penchant for 'Nigerianization' of names began among nationalist Christians and he deplores its appearance in Muslim circles as well:

> Many of those who do this sort of thing are Christians but some of the Muslims have followed them in Yorubaland. They have changed their Islamic names for pagan names connoting that in which involvement is not good. This is to fall into sin since one who does this sort of thing becomes iniquitous after having been faithful ... And every (Yoruba) name is linked to gods whom they

---

[31] See Mervyn Hiskett, "*Kitab al-farq:* A Work on the Habe Kingdoms Attributed to ʿUthmān dan Fodio," *Bulletin of the School of Oriental and African Studies*, 23 (1960), 558-79.

used to worship apart from God in the pagan era ... It is necessary that the Muslim withdraw from the traces of infidelity to God and idolworship to prove the uprightness of his submission to God.[32]

Typically Yoruba cicatrization of the face, mainly an abstract way of indicating local origin, Al-Ilūrī condemns as forbidden image-making. Finally, following the traditions of disinculturation begun in the court of ancient Ghana, Al-Ilūrī excoriates what the Yoruba call *idobalẹ,* respectful prostration before an elder or chief by way of greeting such a dignitary. It is not only Al-Ilūrī who has condemned this practice in Yorubaland; a weekly Muslim columnist in one of the Nigerian newspapers in 1973 expressed the same rigorist opinion in English under the headline: "Islam forbids prostrating as a mark of respect."[33] The West African Islamic instinct for disinculturation lives on. The Muslim who keeps himself somewhat apart from the customary expressions of respect for the established order in West Africa is one who is biding his time, willing as a temporary measure, perhaps, to "conform a little with heathen fashion," but desirous, in the long run, when the Muslim community has grown sufficiently, "to get on without."

III. *Concluding Reflections*

In the early 1970's General Étienne Eyadema of Togo made several changes in his name. For one thing, he ceased to be merely a general but took on himself the title President. For another, the Protestant Eyadema dropped his Biblical baptism name and returned to the name he had been given at birth: Gnassingbé. Eyadema was following a fashion set earlier by such famous African leaders as Francis Kwame Nkrumah, Benjamin Nnamdi Azikiwe and Joseph-Desirée Mobutu.

Before and after the time when Eyadema was shedding his baptism name and enforcing the same process on all the people of Togo, several other African heads of state exchanged their

---

[32] My translation of a portion of this undated pamphlet in *Imale* (n. 16 above), p. 257.

[33] *Imale,* p. 240, n. 25.

baptism names for Muslim ones. Dauda Jawara, now the President of the Gambia, re-converted to Islam around the time of the pre-independence election in 1965, but the change from Dauda to David to Dauda again was not very noticeable. Albert Bongo, President of Gabon, became Omar Bongo in the 1970's. Even such eccentric opposites as the erstwhile Central African Emperor and the Marxist-Leninist President of the People's Republic of Bénin (née Dahomey) were reported by the press at one time or another to have embraced Islam and renounced their baptism names during or just after economic and personal contacts with Libya. Neither of the latter name changes, however, proved to be permanent.

That some African heads of state in modern times could curry popularity by dropping their Christian names while others would not necessarily alienate admirers by exchanging their Christian names for Muslim ones may be taken as an index of how Islam is still perceived, in much of Africa, as an 'African religion' while Christianity remains, at least to some extent, 'the white man's religion.' It is significant that the abolition of 'foreign' names in Togo affected Christian names but not Muslim ones! It is true that Islam may be said to lack a theology of inculturation and may indeed be looked upon as opting for the very opposite, a theology of *hijrah* or disinculturation. Nevertheless, the Muslim historical process in West Africa is still largely identified as 'Africanizing'. The proponents of Muslim disinculturation are not so strong, even in modern West Africa, as to have convinced the majority of their fellow Muslims to forsake all 'mixing' and conform their piety to the model set by the Arab Prophet fourteen centuries ago.

There are today straws in the wind that give some indication that conflict between the forces of inculturation and disinculturation is coming within the West African Muslim community. Ill-reported sectarian violence within the Muslim community in northern Nigeria in recent months as well as previous clashes during the 1970's between Wahhābī reformers in northern Ghana and Tijānī pietists suggest that another phase is unfolding in the dialectic of inculturation and disinculturation in West African Islam.

African nationalists in the independence era often praised the openness of Islam to the African cultural setting into which it percolated over the past millenium. Indeed, there is much to be admired in the pervasive influence exercised mainly by relatively uninstructed, non-professional 'missionaries'. But Islam is not the Mahayana version of the Buddhist *dharma*. Muslims date their history from a Meccan ascetic's emigration (*hijrah*) from his own cultural milieu into a community of discipleship to a divinely originated Word, a Word that stands apart from any purely human word. Islam, then, whatever may be its openness to inculturation in the historical concrete, in the final analysis opposes inculturation if it is to remain true to the emigrant Prophet and God's transcendent Word.

FINITO DI STAMPARE NEL MESE DI SETTEMBRE
CON I TIPI DELLA TIPOGRAFIA POLIGLOTTA
PONTIFICIA UNIVERSITÀ GREGORIANA
ROMA